子どもはみんな問題児。

中川李枝子

新潮社

子どもはみんな問題児。【目次】

I　お母さんが知らない、保育園での子どもたち

2 「りえこせんせい」が子どもに教わったこと

3 子育ては「抱いて」「降ろして」「ほっといて」

4　本は子どもと一緒に読むもの

5　いいお母さんって、どんなお母さん？

はじめに

子どもへの最高の褒め言葉は、「子どもらしい子ね」ではないでしょうか。「よい子」でも「賢い子」でも「聞き分けのいい子」でもない、「子どもらしい子ども」。

では「子どもらしい子ども」とは、どんな子どもなのでしょう。

子どもらしい子は全身エネルギーのかたまりで、ねとねと、べたべたしたあつい両手両足で好きな人に飛びつき、からみつき、ほっぺたをくっつけて抱きつきます。

大人からすれば「ちょっと待って！」と言いたくなるときでも、子どもらしい子に「待った！」のひまはありません。

いつだって自分がこの世で一番と自信を持っていますが、それだけに自分より小さい子にはとても寛大で、大人が何も言わなくとも小さい子を守ろうという優しさを持ち合わせています。

面白いおはなしが大好きで、時にはチャッカリと、大人でも信じてしまうほどの作り話を披露することもあります。

子どもらしい子どもは、ひとりひとり個性がはっきりしていて、自分丸出しで堂々と毎日を生きています。

それで大人から見ると、世間の予想をはみ出す問題児かもしれません。

だからこそ、かわいいのです。

子ども同士で集まると「お母さん自慢」をして喜び合い、大好きなお母さんが本当に困った時には、ちゃんと気配を察知する力ももっています。

いずれも私が一七年間保母をして、知った子どもの姿です（保母は今は保育士ですね）。私は東京都立高等保母学院を卒業してすぐ、みどり保育園の主任保母になりました。

　みどり保育園は現在の駒沢オリンピック公園（東京都世田谷区）にあった無認可園で、園長の天谷保子先生が立ち上げたばかりでした。通ってくるのは近所の四歳・五歳児。何もわからない小さな子ではありません。新米の私は毎朝、覚悟を決めて家を出なければならないほど、たくましい子どもたちでした。

　いまはっきり言えるのは、あの保育園に勤めなかったら、私は『いやいやえん』を書かなかったということです。『ぐりとぐら』シリーズも、『ももいろのきりん』も生まれなかったでしょう。

　目の前にいる子どもたちを何とか喜ばせたいと、おはなしを作ったのがきっかけで作家になりましたが、私の目指したのは日本一の保育をすることでした。

　この本を手に取って下さった読者の方は、お子さんを保育園に通わせているかもしれません。もう卒業したという方、これから預けるという方もいるでしょう。

保育園ってどんなところでしょうか。

大人からすると「仕事をしている間に行かせるところ」でしょうが、子どもはそうは思っていません。

親が働いているから行くのでなく、自分が行きたいから行くところです。活発で好奇心旺盛な子どもたちは、うちになんか閉じこもっていられません。保育園にはうちにはないおもちゃがあります。何より遊び相手がいます。うちではできない遊びができます。そして安全地帯になる先生たちもいるのです。存分に、自分を解放できるではありませんか。

でも、子どもにとっていちばんの安全地帯はお母さんと我が家です。

子育てに悩んでいるお母さんが多いと聞いて、私はこの本を書くことを引き受けました。子どもを産んで初めて赤ちゃんを抱いたというお母さんも、いまでは少なくないそうなのです。

私が保母だったのはかなり前のことになりますが、子どもの本質、子育ての基本は変わらないでしょう。私自身も初めはわからなくて戸惑うことばかりでした。子どもから無我夢中で教わったことを、この本で伝えられたらと思います。

焦らないで、だいじょうぶ。
悩まないで、だいじょうぶ。
子どもをよく見ていれば、だいじょうぶ。
子どもは子どもらしいのがいちばんよ。

Ⅰ

お母さんが知らない、保育園での子どもたち

どの子もみんなすばらしい問題児

子どもはみんな、問題児というのが私の持論です。まず自分がそうでしたから。そしておかしなことに、私の周りの大人たちでおよそ自分はいい子だったという人はいません。

「私っていやな子だった」にはじまって、「ひがみっぽかった」「わがままだった」「よく親が見捨てないで育ててくれたと思うとありがたいわね」などと言います。

でもみんな、ちゃんとりっぱな大人になっているのでご安心ください。

おりこうさんで、言うことがすぐにわかって、「はいはい」と言う子だったらつまらないではないですか。育てるほうにとってもおもしろくありません。ロボットではあるまいし、すねたりふくれたりするぐらいのほうが私は好きです。

そもそも子どもというのは欠点だらけで、自分なりにいい子になっていこうと悪戦苦闘のまっ最中なのではないでしょうか。だから純情でかわいいのだと私は思います。

しばらく前のこと、うちに東京ガスの若いセールスマンがやって来ました。一生懸命ガス釜の宣伝をします。うちは電気だからいいのよと断っても、なかなか帰らない。するといきなり「せんせいじゃないですか」って言ったんです。そうよって答えると「僕はみどり保育園にいたケンジです」って。

「あなたケンちゃん？」って聞くと、そうだって。

びっくりしました。だってケンちゃんは目のくりくりした、すばしこいいたずら坊やで、そりゃあかわいかったんですから。三〇歳直前の、しっかりした普通の青年になっていました。

そこでうちへ入ってもらい、二十数年ぶりの再会を喜んだのです。

積もる話の最後に、ケンちゃんは「保育園のホールの裏に、物置があったでしょう。じつは……」と打ち明けました。

「ぼくはときどき保育園の約束を破って物置に入れられたけれど、本当はあそこに入るのが好きだった。運動会やクリスマス会のお道具がしまってあるのに触れるし、ふしあなからホールにいるみんなが見えたから。でも、先生に悪いからいやだいやだって、いやなふりをしたの。まったくぼくは先生を困らせてばっかりいたんだから申し訳ない」

つまりベソかきながら抵抗したのは、演技だったというのです。そしてもうひとつ、私のまったく知らなかったぞっとする話も打ちあけました。

保育園のそばには沼がありました。危ないから絶対行ってはいけない決まりになっていたのですが、それを承知で一人こっそり見に行ったというのです。背よりも高い葦のしげみに迷い込み、泣きたいのをガマンしてじっと耳をすますと、保育園の方から声がして、それを頼りに抜け出した……。

私はびっくりしました。もしそのとき沼に落っこちていたら！

ほかにも、渋谷のデパートにできたばかりのエスカレーターに乗りたくて、小学生のお兄さんにくっついて駒沢公園から歩いていったこと。お腹はすくし、くたびれるしで泣きながら帰ってきたなんて、いろいろ告白してくれました。

私はガス釜は買いませんでしたが、ガスストーブを買いました。ケンちゃんは達筆でサインして領収書を置いていきました。

「へえー、あなた、字が書けるの」なんて私が感心したことを、ケンちゃんは気づいたでしょうか。

子どもはたいがい臭いものです

汗と日なたのにおい、おまけに汚い。
ハナ、ナミダ、ヨダレ、ハナクソ、分泌物旺盛。

何にでも触るから手はべたべたで、ねとねと。

それが子どもだと私は思うのです。

ところが、「子どもは汚いから触るのは嫌だ」と言うお母さんがいるとか。「幼稚園で泥んこ遊びをすると洋服が汚れるから、そのような遊びはやらせないでください」との声もあるそうです。

「ちょっと洗えばすぐにきれいになるじゃない」と言いたくなります。

子どもの肌は弾力があって、ぴちぴちしていて、押しても戻ってきます。

髪はつやつやで、手足がむちむちしていて、瞳の澄んできれいなこと。

手先、足先をしげしげと見ますと、爪はピンクの貝殻のようでとてもきれいです。

園長先生と私だけで始めたみどり保育園もしだいにかたちをなしてきて、ほかにも保母さんが働くようになりました。その一人は、何をやるにもとても丁寧。そして清潔家で、子どもの顔をふくのが大好きでした。

ている。

お湯で絞った温かいタオルで、口の周りやほっぺたをしょっちゅうふいてやっ子どもがうっとり気持ちよさそうにしている間に、みるみる汚れがとれて、いい お顔が出てくるのを見ていると、「私も一度、ああやって顔をふいてもらいたい」とうらやましくなったものです。

もうひとつ、私が保育園で大好きだったのがプールでした。

プールに入れば、あっという間にどの子もぴかぴかになってしまう。泰西名画に出てくる天使どころではありません。保育園の子はもっときれいで、ほんものの天使はこれだと思うくらいでした。

ですから、「いくら汚れたって大丈夫よ」とお母さんたちに言いたいのです。

お母さんのお弁当をどんなに喜ぶか、見せてあげたい

給食は、なし。
お母さんのつくったお弁当が、みどり保育園の方針でした。

午前中はお母さんを忘れて夢中で遊んでいますが、お昼のお弁当で、それはもう嬉しそうに母のぬくもりを思い出すのです。

それは保母がお母さんに子どもを返す時間でもありました。

そしてお母さんの自慢話が始まるのが、とてもかわいい。

友達同士でぺちゃくちゃぺちゃくちゃ、お母さんのことを話す。それをみんなで嬉しそうに聞いている。

児童精神科医の佐々木正美先生によると、喜びを共有することは高度な社会性なのだそうです。小さい子どもも立派な一人前です。

お母さんはお弁当作りを面倒くさいと嫌がったり、給食のある園がいいなんて言うでしょう。でも、子どもがお弁当をどんなに楽しみにしているか知ったら、張り切って明日も作ってあげたくなると思います。

自分のためにこんなおいしいお弁当を作ってくれたお母さんを自慢し合う、子どもたちの姿を見せてあげたいのです。

「お母さんのお腹には切った跡がある」って、それが自慢なのよ

子どもの「お母さん自慢」には限りがありません。何でも自慢のタネなのです。「わたし、帝王切開で生まれたの」って、それだって立派な自慢です。

するとそれを聞いた子が「うちのママは盲腸切ってる」と自慢する。もっとすごいというわけです。

一番すごかったのは、盲腸も切っているし胆石もとっている、そのうえ帝王切開をしたお母さん。もうそのYちゃんの話になるとみんな負けちゃう。でも嬉しいのです。その話が大好きでわくわくしちゃう。何べんでも聞きたがる。

Yちゃんはお風呂に入るたびにお母さんの三つの傷跡を眺めていたんでしょう。触って感心もしたのでしょう。大きくなって女医さんになりました。

お母さんの傷を見て、話を聞いて、友達に自慢した子がお医者さんになる。だから私は、どこのおうちでも気がつかなくても早期教育をしているのよって言っています。

私がYちゃんに最期をみてもらいたいって言ったらね、冷ややかに「先生、悪いけど私は老人医療はやりません」って。産婦人科で命の誕生に関わりたいですって。

子どもはなかなか紳士です

みどり保育園では毎年一二月になるとクリスマス会をしていました。一年のしめくくりですから全員出席です。

サンタクロース役は、だれかのお父さん。

大きい子たちはサンタが誰か感づいていますが、小さい子たちには決して教えない。ほんもののサンタクロース！　と信じるふりをします。

そういうことは子どもたちの間で自然と伝わっていました。

ツベルクリンやワクチン注射の日も同じでした。

大きな子は「今日は注射の人がくる」と知っていて、朝から何やら不安気にコソコソ言っています。

小さい子には言わないでおこう、泣くからって。

私はあら、えらいなっていつも思っていました。自分より小さい子には寛大で優しいのです。自分たちはいくら朝からユーウツでも、絶対小さい子には知らせない。

子どもって、なかなか立派なんです。

子どもは自分丸出しで生きています

子どもというのは本当に正直で、いつでもどこでも常に一生懸命だと私は感心していました。
いたずらひとつするのも、命をかけて全力投球です。友達とけんかするのも必

死。いい加減じゃありません。何をやるにもはんぱではないのです。

ですから受け止める側にも、相手に負けないエネルギーが必要です。

主任保母としてやるべきことは、常に子どもたちを見張っていることでした。

特にけんかは、最初から見ていなければなんにも口出しできません。

けんかには野次馬も集まってきて、その子たちがそれぞれ勝手に贔屓《ひいき》するのでたちまち子どもたちは二手に分かれてけんか合戦です。

それを丸く収めるのが、保母の腕の見せどころでした。

子どもたち全員の気持ちが落ち着くところまで言い分をよく聞き、両者にうらみつらみを残さないこと。それは気持ちよく一日を終わるために必要なことでした。

ですから、どんなけんかも基本的には両成敗。

そのためのとっておきのおまじないがありました。

昔ながらの「けんか半分　はなくそ半分　あんぽんたんのつるし柿」に、もう

ひとつおまけを加えて、

「チョキン、パチン、ストン、はなしはこれでドンとはらい」

子どもたちの大好きな瀬田貞二訳のむかしばなし『三びきのやぎのがらがらどん』の最後の言葉に、ひと工夫したものです。

すると、みんなでアハハと笑って終わり。

けんかがあると保育園が活気づきました。だから私は、けんかが好きでした。けんかの原因についての両方の言い分を聞くと、聞くほどに面白くなっていくのです。今思うと、本気でやっているうちにいつのまにか遊びの領域になって、互いに「けんかごっこ」をたのしんでいたらしい。だってけんかの後には、前よりも仲良くなるのですから。

けんかしたんだから今日は一緒に遊ぶのやめなさいね、なんて言うと、子どもたちは「先生って、ばかみたい」と笑ってわざと仲良く帰っていくのです。

なんて子どもってかわいいのだろうと思っていました。

子どもの言うことは全部ほんとうです

バレリーナになりたい女の子がいました。本人はバレエのおけいこに行きたくて仕方ないのですが、習っているのはピアノです。それがある日の朝、「先生、私、きのうバレエに行ってきたわよ」とい

うではありませんか。

ついにお母さんも折れたかと思い、「よかったわね、どういうことをしたの」と聞くと、なんと白鳥の衣装にトウシューズで踊ったというのです。

「へえ、ずいぶんいい先生ね。普通は最初からそんな衣装は着せてもらえないのよ。トウシューズだってずいぶんやってから、やっと履かせてもらえるのに」というと、その子はすごくうれしそうな顔で「きょうもまた行く」と言うのです。

次の日の朝は「せんせい、きのうもいってきたわよ」。

「よかったわね、どんな衣装で踊ったの？」と聞くと、真っ赤なのを着て、頭にも赤い羽根をつけて、赤い靴を履いて踊ったとのこと。

「いいわね、よかったわね」と言うと、「うん、またきょうもいくの」。

これが一週間続きました。

最後はすごいのです。お母さんまで踊った、父さんも王子様になった、なんとおばあちゃんまでやったと言うのです。おばあちゃんはもう腰が曲がっているのですが、黒いのを着たそうです。

「まあ、ほんとうにいいバレエの先生ね。ほかではなかなかそういうことはできないのよ」と感心すると、得意そうに「うん」とうなずいて、それからしばらくは何の報告もありませんでした。

ふっと思い出して、「そういえばバレエどうした?」と聞くと、そっけなく「なんのこと?」と言われてそれっきり。

きっとその子は想像のなかでバレエを堪能したのでしょう。興味はほかに移ってバレエは終わりました。

こんなこともありました。新しい服を着てきた子に、「すてきなブラウスね。だれに買ってもらったの」と聞くと「おばちゃん」と言ったのです。

「あら、あなたにおばさんがいるの。優しいおばさんね」というと、「うん」とにっこり。三軒茶屋にいると教えてくれました。

三軒茶屋でおばさんに甘えてよほど楽しかったのでしょう。その子は口が重く、あまりおしゃべりする子ではないのです。

また新しい服を着てきたとき、「あら、そのスカートどうしたの」と聞くと、「おばちゃんと行って買ってもらった」とうれしそうに言いました。「ああ、あのおばちゃんね」と、私の頭のなかにいつのまにかやさしいおばさんのイメージができていました。

子どものいない、結婚していない、仕事を持つおばさんで、お父さんのお姉さんです。

その子のお母さんは大柄で、どちらかというとさっぱりした男っぽいタイプの人。いつもいたずら盛りの弟二人にかかりっきりでした。

ですから私は、おばさんが見かねて姪《めい》のために、かわいらしい刺しゅうのついたブラウスやプリーツスカートを買ってあげているのだと思い込んでいたのです。

それである日、何気なくお母さんに聞くとキョトンとして言うではありませんか。

「そんな人いませんよ。あれは私が買ってやったんです」

びっくりしました。

ぶっきらぼうですが、子供服選びについては抜群のセンスを持つお母さんだったのです。

きっとその日、弟たちはお父さんとお留守番で、女の子はお母さんと二人きりでお買い物に出かけ、そのときのお母さんはおめかししていつもと違うタイプのやさしいおばさんに変身してくれたのでしょう。

私はその子をうそつきとは言えません。

子どものうそは創意の所産だと、民俗学者の柳田国男さんもおっしゃっています。

「創造の所産で、それは豊かな発想ということだから、子どもをうそつき呼ばわりしてはいけない」と。

私はもう一回、子どもになりたいとは思いません

子どもの時代というのは大変です。実にきびしい。
なにをやるにも一生懸命ですから、欲張る子は、欲張って欲張って欲張る。

何でも拾ってくるし、ため込むし、惜しくてみかんの皮ひとつ人にやれない。欲張って欲張って、最後にはむなしさしか残らないと思うのですが、周りの子は欲張る子から何かをちょっともらうとすごく嬉しい。

あの欲張りがくれたと思うと「あの子はこれをくれた。なんて優しい人だろう」とその子の評価がぐっと上がるのです。

私は、子どものけちん坊はいいと思います。けちけちすることは、ものを大事にすることですから。

気前のいい子は、友達に何をやってもそれほど喜ばれません。たまにもの惜しみすると「なんでくれないの、いつもくれるのに」と非難されてかわいそうです。

それから、一生懸命いじわるする子もいます。よく考えつくと思うようないじわるを次々にして、皆からとことん嫌われ、やっといじわるをするよりは親切にしたほうが気持ちがいいのだと気がつきます。

そうやって小さい子どもの時代は、遊びながら友達関係をいろいろ学んでいくのではないでしょうか。子ども同士は誠意が通じるのです。子ども独自の、大人とは違う気持ちのよさがあります。

損得勘定をしないし、手抜きやいいふりもしないし、見栄も張りません。けっこうプライドもあって、恥も知っているし、紳士協定などもきちんとやっています。

本当にいつも全力で生きていますから、私は子どもを見ていて、自分がもう一度子どもになりたいとは思いませんでした。

「もうごめん、こんなに大変な思いはしたくない」――大人はうそをつけるし、いい加減なことも言えるし、ごまかすこともできるし、なんて気楽でしょう。

だから子どもは偉いなあといつも感心しているのです。

2

「りえこせんせい」が子どもに教わったこと

子どもはお母さんの鏡です

子どもは、好きな人に興味と関心を持ちます。お母さんの話し方、一挙手一投足を実によく見ていて、保育園でやってみせてくれます。

だからお母さんが見栄を張っても無駄です。

子どもは保育者のことも見ています。家へ帰って先生のやったことをそっくり見せていますから、先生と呼ばれる仕事をしている人も、気をつけなくてはなりません。

保母は、子どもをもぎ取るようにして預かります。

子どもに好かれなければ、良い保育はできません。子どもと仲良くなるには、その子がこの世でいちばん好きな人、すなわちお母さんを保母である私も好きになることが必要でした。

だから、お母さんが保育者といい関係を築けば、おのずと子どもは安定するのです。

保育園が足りないからと、数だけどんどん増やせばいいとは思いません。お母さんが保育者と一緒になって、子どもが子どもらしく過ごせることが第一だからです。それにはお母さんときちんとした信頼関係が築けるベテランの先生や、ちゃんと子どものことを勉強した先生にいてもらわなくちゃならない。

みどり保育園では、面倒なことは一切やらない方針でした。「園だより」も出さないし、毎日の連絡帳なんてない。必要事項はぜんぶ口で伝えていました。今日の出来事でも、子どものちょっとした一言でも、お母さんに言いたいことでも。紙に書いたり、書いてあるものを読んだりするよりも直接顔をみて話すほうがいいでしょう。

いまはどこの園でも、お昼寝の時間となると先生たちも連絡帳を書くのに忙しいと聞きます。先生がたも休んでほしい。

天谷園長先生は勤めたばかりの私にこう言いました。

「この仕事は儲からない。だからその分、子どもからもらえるものはもらっておいて、そして楽しまなきゃ損よ」

子どもとつきあうのは待ったなしの真剣勝負で、緊張の日々でした。お昼寝のときはぐったりして、私もひとねむりしたくらいだったのです。

ナンバーワンは、お母さん

一七年保育園に勤めて何がわかったかと言いますと、子どもはお母さんが大好きということです。
どの子もみんなかわいくて、帰宅させるのが惜しいほどの日々。三六五日、朝

から晩まで子どもを預かっていたいくらいなのに、私は絶対にナンバーワンになれませんでした。

ナンバーワンはお母さんです。ナンバーツーがお父さん、スリーがおじいちゃんとおばあちゃんで、保育者なんてナンバーフォー以下だったでしょう。

女の子と男の子でくらべると、男の子はさらにお母さんにべったりです。

私が仲よくしている小さな教会幼稚園では、クリスマスに母子一緒のお茶会があります。見ていると、男の子はお母さんにぴったりくっついている。ケーキを食べるとパッと遊びに行きますが、すぐお母さんのところへ戻ってくる。そしてただただくっついている。そしてまた少し遊んで、戻ってくる。

女の子たちは、もう自分たちだけで固まって遊んでいます。友達がいればお母さんなんか眼中にない。困ったとき、悲しいときは親と一緒にいたいけれど、いつもはお友達といたい。

私自身も子どもの頃この思いが強く、子どもばかりの家で暮らす「みなしご」

にあこがれました。

ともあれ男の子のお母さんはもう慣れたもので、わが子がくっついてきても泰然自若としたまま適当になでたりしているだけです。

お家に帰るとそんなに「すきすき」と言わないかもしれないけれど、親から離れると、お母さんがどんなにいい人か気がつくようです。


保育園で子どもを注意するとき、「そんなことをしたらお母さんが悲しむでしょう」というのがいちばん効きました。それは男の子も女の子も同じ。

自分の好きな人を悲しませるわけにはいかないのです。

そうやって子どもたちは、お母さんを通して世の中の大事なこと、いいことを覚えていくようです。ですから、私はお母さんはどこまで知っているかしら、こんなに子どもに愛されて幸せねと思っていました。

保母が子どもに何かを一生懸命やらせようと、「がんばれ」なんて言ってもだめ。「お母さんが喜ぶわよ」というとはりきってやります。

最後にもうひとつ。元気がなくて様子がおかしいとき、私はそっと「お母さんに会いたい？」と聞いていました。

もし涙をためて「うん」とうなずいたら要注意。まず熱があるか調べます。

首を横にふれば大丈夫、ひとやすみすれば元気回復して遊びにいっちゃう。

「お母さん」は子どもの心身の健康のバロメーターでもあるのです。

子どもは見れば見るほどかわいい

子どもはちょっと見てもかわいいけれど、できるものなら一日、朝から晩までじっと見ていたい。一人一人おもしろく、一人一人くせ者ぞろい。

見れば見るほど子どもは不思議というか、実におかしいというか、おもしろいのです。

神経質な子もいるし、のんきな子もいるでしょう。おっとりした子、ずうずうしい子、恥ずかしがり屋、ひがみっぽい子もいます。エネルギーの余った子もいれば、体力のない子もいます。荒っぽい子もいれば、何をやるにも丁寧な子がいます。おしりの軽い子もいれば、重い子もいる。すぐ理屈を言う子もいれば、何を言っても、のほほんとしている子もいる。必ず反抗してくる子もいるし、従順な子もいます。集中型の子もいれば、飽きっぽい子もいる。

みどり保育園には恒例の「母の会」がありました。夕食後、子どもはお父さんとお留守番で、お母さんたちと私たちが懇談するのです。母の会だからと特別なことはせず、私たちはいつものままの保育園を見てもらいました。

お母さんたちは必ず、時間より少し早くやってきます。門から入って玄関を通り、お部屋の隅から隅までわが子の匂いを嗅ぎまわる。その様子はまるで警察犬のようでした。

まずは玄関の靴箱。うわばきを左右そろえてきちんと入れている子、ひっくり返ったままの子。よごれ具合、いたみ方は十人十色です。

次はお部屋の棚にある各自のお道具箱へ。自由画帳、ハサミ、クレヨンを点検します。これも一人一人まったく違って、クレヨンがすべてきれいにしまってある子もいれば、入りきらないほどある子もいれば、スカスカの箱の子もいます。

お母さんたちはついでにお友だちの箱ものぞくなど、とにかく興味津々です。すべてがきちんとしている子の親は、なぜか心配そうにしています。きちんとしすぎているって。それで散らかしている子をうらやましく思う。お母さんってそういうものです。そしてお母さん同士おしゃべりしながらなぐさめ合うのです。

でも話題になっている当の子どもたちは――みな自分ほどお利口さんはいない、自分がこの世で一番いい子だと思っているのですから、なにも心配ありません。

保育のポイントはどうやって遊ばせるかです

子どもたちは正直ですから、面白いことには面白いと言いますし、つまらなければそっぽを向きます。つまらないと「あしたこないよ」と言うのです。主任保

母としては来てもらわなければ困ってしまいます。

なにしろ保育園があったのは四一万三六〇〇平方メートルの原っぱ、いまの駒沢公園でした。子どもたちは何がどこにあるか、どういう遊び場があるか知っている。保育園がつまらなかったら来ないで、勝手に原っぱの方へ行ってしまうのです。

そこで私の首をつないでくれたのは、『ちびくろ・さんぼ』でした。名作絵本シリーズ「岩波子どもの本」のなかの一冊で、おもしろくって、おもしろくって。

みんな目を輝かせながら来るのです。

おはようとも言わずに、「きょう、なんかいよんでくれる?」。

帰るときも「またあしたもよんでね」が合言葉。

もう出席率一〇〇パーセント、特に男の子たちがあの本に参ってしまいました。

みんなで楽しい思いをすると、お互いに話が通じるようになります。心がよく分かり合えるようになります。

ちびくろさんぼごっこも始まりました。あまりの熱狂ぶりに、天谷園長先生がお家から材料を一式持ってきてホットケーキを焼いてご馳走したくらいです。

おはなしでは、ちびくろさんぼは一人で一六九枚食べたのですが、とてもそこまでは食べさせられない。一枚のたった半分くらいでしたが、子どもたちは想像力でちびくろさんぼに負けないくらい美味しい素晴らしいのを食べたと、満足してくれました。ああ、子どもっていいなと私は感動しました。

だったら、私も負けてはいられません。

「なにがトラのバターよ！（笑）」

そこから『ぐりとぐら』がうまれました。かわいい子たちにはもっと美味しいケーキをおなかいっぱい食べさせたかった。だからカステラなんです。

材料も値段もホットケーキとは大違いです。

子どもたちの遊びは最後にはだいたいけんかになりますが、遊んでいる間は楽しければいい。そしてまた明日はもっと工夫して面白く遊べばいいのですから。

成長の基となる遊びをさせることが大切です。

保育の中で子どもと絵本は切っても切れない仲となり、絵本なしで保育はできなかったと思います。

保育者は、子どもの遊びが良い方向に行くように見守り、そのためにヒントを与え、励まし、そして手を貸します。とはいえ、遊びは子どもの自治の世界ですから、大人は無神経に踏み込んではいけない。その反面、子どもたちは幼く、守らなければならない。ですから決して子どもから目を離してはいけません。常に全神経を子どもに向けておきます。

しかしいくら頭にアンテナ、背中に目のつもりでも、私は先にもお話ししたケンちゃんの迷子に気がつきませんでしたから、偉そうなことは言えません。

こうした基本は保育者としてごく初歩的な訓練でしょうが、私は子どもたちから必要に迫られて教えられました。

無我夢中で、子どもたちに鍛えてもらったと感謝しています。

想像力豊かな子は遊び上手です

『いやいやえん』のおはなしのひとつに「くじらとり」があります。
不思議なことに日本の子どもたちだけでなく、外国でも喜ばれる物語ですが、

じつはみどり保育園の子どもたちの作なのです。

いつもやっている遊びのひとつが「くじらとり」でした。ホールいっぱいに箱積み木の大きな船を作って、海をめざすのです。

その名も「ぞうとらいおんまる」。乗組員たちは海のまんなかでついにくじらを発見し、鉄製の釣竿を繰り出します。さあ、くじらを捕まえて無事に港に帰れるでしょうか――。

ある日、子どもたちの機嫌が悪くてとりつくしまがなく、私は困ってしまいました。

子どもは生きものですから、毎日ご機嫌かといえば決してそうではありません。お天気や湿度の関係など原因はいろいろあるでしょうが、みんなの気分が落ち込んでしまい、ちょっとしたことでけんかになったり、めそめそ泣いたりという暗い日もあります。

そういう日は、私が先頭に立って何か楽しいことをやらないと救われません。

そこでと考えて「そうだ、みんなでおはなしを作りましょう」と声をかけてみました。すると「やってみようか」というくらいの気持ちで子どもたちが集まってきました。そこで丸く座らせて、一人ずつ順番にお話をつなげていくことにしたのです。

最初に私が、「くじらとり」の遊びの頭のところを始めました。すると子どもたちが順々に話をつなげ、現実と空想がうまいぐあいに交じり合ってあのおはなしが出来たのです。

子どもはみんな遊ぶのが好きですが、うまい子もいれば、へたな子もいます。頭と心と体のバランスが取れた上手な遊びをする子は、想像力が豊かです。なかなか遊べない子は、想像力がどうも乏しい。

子どもたちは生まれながらに想像する力を持っています。ですから、その力を発揮させるようなものを与えなければなりません。

そこからおはなしとの結びつきが出てきました。子どもを生き生きさせるおはなしや絵本を、おろそかにすることはできません。

「もっとよんで、もっとよんで」「あしたもくるからね」と子どもたちに言われて、「よしっ」と私も張り切る。子どもに毎日来てもらいたいがために、どういう絵本を子どもと一緒に読もうかと、自分なりの武者修行を始めました。

なにしろ目の前に楽しい絵本、楽しいおはなしを求めている子どもたちがいますから、どうやって満足させようかと、本屋さんへ行ったり研究会に参加したり、勉強したつもりです。

『いやいやえん』を書いたのは保母になって二年目でした。登場する「ちゅーりっぷほいくえん」のモデルはみどり保育園、そして「はるのはるこせんせい」は天谷園長先生、「なつのなつこせんせい」が私というわけです。子どもたちの日ごろのねがいや希望、遊びもおはなしに現れています。

偉そうなことを言いますと、保育理論のつもりであの本を書いたのです。

無認可の保育園へ勤めたことで、周りからは相当からかわれました。

しかも卒業したてで主任保母になりましたから、友達は「あなた、まだもぐりで主任をやってるの」と冷やかすのです。

おなかの中ではくやしくて、「私はこういう保育をしてるのよ」と皆に伝えたい気持ちもありました。――友達は、みんな認めてくれました！

あの子どもたちに、子どもの本の書き方を教えられたと感謝しています。

その後も何度か、「またやろう」とおはなしごっこのリクエストがありました。

ですが傑作は一七年で「くじらとり」のひとつだけ。

おはなしはそう簡単に作れないのです。

小さい子に「待って、後で」は通用しません

子どもとのつきあいは問答無用、うそやごまかしは通じません。息子にもけっこう鍛えられましたが、母子では慣れ合いになり、いつの間にか

子どもは母親を追い越して相手にしなくなります。

保育園では、生まれてまだ三年そこそこの活きのいい子どもたちが途切れることなく相手をしてくれました。

小さい子どもは待てない、それが当たり前です。それも大きくなるまでの一時期のことです。

待てなくて泣いている子には泣きたい理由があるはずです。

だから察して、気持ちを少しでも軽くするのが私たちの役目です。知らん顔をしてはいけません。

「はあい」「なあに」「あらあら」「まあまあ」「うん」「おやまあ」……など、声をかけられたら生返事でもいいから、相手をする。受け止める。

こちらがちょうど手を離せなかったらどうするか。うまくかわしたり、そらしたりなだめたりするわけです。大人でしょう、お母さんが作戦を練らなきゃ。

それが子育ての頭の使いどころ、面白いところなのです。

食事の支度中に子どもが泣いたら、昔のお母さんは削り節の小さくなったのやするめを渡してしゃぶらせていました。

手近にあるお菓子を与えれば子どもはご機嫌になるでしょうが、それでは食事に差し支える。しつけの問題にもなるでしょう。

どうにもお腹がすいているようなら、おにぎりでも、できているおかずでも、きゅうりの一本でも手渡したらいい。

いまこんな料理ができるところよ、とできるだけ詳しく説明するのもいい。ためしにきゅうりを渡して「煮えたかどうだか食べてみて」なんて言ってみると、子どもはばかな親だなあって顔をしますよ。そして「これは自分のほうが偉い、自分でなんとかしなきゃ」と思うでしょうね。

あの手この手を試してみるのが面白い。

「空腹は最上の調味料」と言うでしょう、待たせる訓練も必要です。

だからお母さんは、日々穏やかな気持ちでいればいい。

穏やかにできればと思うだけでいい。それだけでも違うのです。

子どもは知らん顔をしていても、そんな気持ちを感知しているものです。そして自分も理解を示して、お母さんのためにならなくちゃと思う。

保育園でとてもいい子にしている子どもが、お家へ帰って発散しているという場合もあります。それに子どもは、夕方になるときげんが悪くなる。友だちと遊びほうけていながらも気をつかったり、ガマンしたり緊張もする。家に帰ってほっとすると、わがままを言いたくなるでしょう。

べたべたしてきたら、させておきましょう。

お台所には危ないものもありますから、それにだけは気をつけながらね。

子どもはすばらしい先生です

子どもとかかわる大人のみなさん、あなたの前にいる子どもから学んでください。これは私が自信を持って言えることです。

「あなたの書くものは、空想と現実の世界をじつにうまく出たり入ったりしている」とほめていただくのですが、私にはピンときません。

子どもの世界ではごくごく当たり前のことだからです。

幼い子の遊びを見ていますと、なったつもり、あるつもり、まさに空想の世界に出入り自由で、それがとても愉快です。遊んでいるときいろいろ独り言を言っていますが、聞いているとその子の今いる世界がだんだん見えてきます。

月にウサギがいるというのはほんとうではないけれど、子どもはそれをちゃんと信じる。信じたがっているのです。それでいて、月にロケットが行くこともちゃんと分かっている。

サンタクロースだって、信じているふりをして、自分と大人を喜ばせているのではないか。子どもは大人より一枚上手なところがありますから、お互い気がつかないふりをして楽しんでいるのではないかしら。

子どもにかかわる事件が起きると、すぐ文部科学省は「指導せよ」というでしょう。どうもこの言葉が気にくわない。それより「もっと子どもをよく見て」というぐらいの言い方をしてくれたらいいのにと思います。

子どもから学ぶべき点は大いにあります。非行問題や虐待、いじめなど、子どもを指導する前に、まず子どもをよく観察して、そこから解決の道をさぐり出す方法もあるのではないでしょうか。

子どもたちといっしょの生活で、どの子もみんな善い心を持って生まれてくるということも感じました。神様は公平です。

何よりも、子どもの「心」を大事にしてほしい。

子どものおしゃべりには、その子の願いや不満が表れているものです。聞き捨てにしないで、聞いておくこと。

なにもあらたまって聞くのではなく、お料理をしながら、洗濯ものをしまいながら、歩きながらでも耳はちゃんと使えます。子どもの口調に合わせて頷くだけでもいいのです。

遊びは本分、生活であり学習です

子どもは遊びながら育つと言いますが、遊ぶのは結構たいへんです。自分が主役、主人公にならないと遊べません。

三〜四人で遊べば、皆が主人公。その個性がぶつかり合うわけですから、決して安閑としてはいられない。

自分を主張するのも大事。相手の言い分も聞かなければならない。忍耐と我慢も必要です。でも子どもたちにとって目標は一つ、より楽しく遊びたいということです。

そのためには少々嫌なことも我慢するし、相手の気持ちを尊重するようにもなります。

協力や助け合いもあれば、けんかもします。そのうち自然にルールらしいものができてきます。それは子ども同士で取り決めた約束事です。

保育園や幼稚園の魅力は家庭では味わえない、もっと大がかりな遊びの場があること、そして知恵も体力も対等な同年齢の仲間がいることだと思います。特に今のような少子化社会になると近所に遊び友達はいないし、お家にもきょうだいがいないかもしれない。保育園、幼稚園は子どもの生活のために必要な場になっていると思います。

以前、小児科医の平井信義先生がこうおっしゃいました。

「子ども時代に存分に遊ぶ楽しさを味わった人は、老年期になっても生き生きと生活していますよ」

若かった私は、「へえ、そんなものか」と思いましたが、この年になると本当にその通りだと感じます。

ヴァルター・ベンヤミンという思想家は「遊びは明らかに解放を意味する」と言っていますし、高名な哲学者も文化をつくる原動力は遊びであるとか、遊びこそ人間の文化の基本であるとか、口をそろえて言っています。

実際に目の前にいる子どもたちを見てきたおかげで、ああそうだとよくわかるようになりました。

3

子育ては「抱いて」「降ろして」「ほっといて」

いざという時、子どもは強い

みどり保育園に来ていた子の隣家が火事になり、家族を一晩保育園で預かったことがありました。弟と妹もいっしょでした。
すると日頃おっとりした、ちょっと頼りのないお兄ちゃんが、いつもと全然違

うのです。「お兄ちゃんの保育園だから大丈夫だよ」とおびえる幼い弟たちをなだめ、安心させ、しっかり守って園長先生を驚かせました。

私たちはなんてえらい！　と、その子をすっかり見直しました。

困難なこと、いつもと違うことが生じたときは、子どもにきちんと説明するといいと思います。

小さい子には分からないと、きめないで。

堂々と話して、「よろしくね」と言ってご覧なさい。

必ず分かってくれます。示す場がないだけで、子どもは思っているよりずっと偉いのです。そして役に立ちたくてたまらないのです。上手に付き合わなくちゃ。

子どもはあなたよりちょっと賢い。

だって誰でも、自分にはないいいところを持つ人を結婚相手に選ぶでしょう。だとすれば子どもには、お母さんのいいところと、お父さんのいいところが入っているのですから。

子どもをうちに閉じ込めないで

子どもは人に関心を持つことが大事です。

「社会は人間の力で成り立っているのですから、人を頼り、人に頼られ、人の間にいて人になるのだ」と、佐々木正美先生がご著書『子どもへのまなざし』でお

っしゃっています。

いろいろな人と出会って、何かをしてもらうのもいいし、してあげるのもいい。例えば障害があって不自由でもどんどん町中に出て、みなに手伝ってもらい、良好な人間関係を持ちながら快適な生活をしていくこと。これは決して人に迷惑をかけることにはならないでしょう。

お互いさまです。子どもの時代からそういう社会で育ってほしい。それが自然で当たり前のことになってほしい。そのなかで、自分はほんとうに大事な存在であり、自分以外の人も皆大切な存在なのだということを子どもなりにおぼえます。

それは口で教えるより、生活の場で親が示すしかないと思います。

私の全盲の友だちは、お隣の三つの女の子と仲良しです。手を引いてもらうと大人よりずっと上手なのよ、と信頼しています。

大人は申し訳ないくらい気を使って一生懸命やってくれるけれど、その子はおばちゃんは目が見えないことを当たり前に受け入れているそうです。

子どもは正直で残酷とも言われますが、どうでしょうか。

大人は、つい相手のことをかわいそうだとか、不便だろうになんて考えてしまいます。

子どもは人と出会い、世の中にはいろんな人がいることを知りながら、社会の一員になっていくのです。

二四時間、一緒にいることはないのよ

母と子はとにかく一緒にいればいい、というものではありません。
お仕事を持って働いているお母さんが時間を大切に有効に使っていることや、

離れていても子どものことを思っていることは子どもも分かっています。たとえ、一日のうちで一緒にいない時間のほうが長かったとしても、母と子の信頼関係はゆるぎません。

歩けるようになった子どもは、うちに閉じこもってなんかいられません。仲間同士で遊ばせることが大事です。

上野動物園の園長だった中川志郎さんが、ニホンザルの子育てをほめていました。

赤ん坊は生まれるとすぐ母親にしがみついて、母親の行動のすべてを見ている。群れの中での挨拶、ボスザルへの対応など、母子密着のときに覚えてしまう。少し大きくなると、子ザル同士で遊ぶ。いたずら、ケンカもやりたい放題。それは、お母さんがいるからやれるのです。いざとなったら母親にぱっと飛びついてもう安心、つまりお母さんは安全地帯というわけです。そうやって一人前のニホンザルになっていくというのです。

群れで生きるニホンザルの集団ではボスザルの存在が欠かせないのですが、人工飼育したサルはボスになれないそうです。

母子密着から遊び仲間へ、そして自立して社会の一員になる過程は人間も同じでしょう。お母さんは子どもの安全地帯なのです。

保育園では先生が安全地帯です。けんかも安心してできる、そしてくたびれたときは先生のそばにいってくっついてなでてもらう。

子ども同士でも、けっこう神経を使ってくたびれて、ふっとひとりになりたくなるのです。すると私のそばにくる。特に用もないのになんとなくぺたぺたくっついて、ちょっとエネルギーを溜めてまた遊びにもどるということがよくありました。

もう少し大きくなった子どもの遊びには「タイム!」とか「タンマ!」とかあるでしょう。ひとこと言えば休んでも、その場を離れてもいい合図。子ども同士でうまい決まりを作っているものです。

天谷園長先生は、わが子を赤の他人に預けるにはすごく勇気がいると言っていました。保育園を信頼しているから子どもを預ける。私たちは、お母さんの信頼を絶対に裏切るわけにはいかないのよ、と。

私たちはしっかりした安全地帯になるためにも、子どもは三年以上預かりたい、できれば生まれてすぐ預かりたいというぐらいの気持ちで保育をしていました。預けている子どもが病気になると、罪悪感を持つお母さんがいるでしょう。みんな、そうですよ。子どもの命を守るのは、お母さんですからね。

健康管理は一番大切、病気にならないように気をつける。お弁当が大事なのもこのためです。天谷園長先生は子どもの健康と発育に細心の注意を払っていました。

日頃の心がけとして、食事、排せつ、睡眠のリズムを崩さないこと。大人の都合を優先してはいけません。病気になったらゆっくり休むことです。

心を傷つけたら、すぐ手当てをしてほしい

大人には取るに足りないようなつまらないことでも、子どもの心は傷つきます。もし傷つけたらすぐに手当てをしてください。心の傷の回復は、肉体の傷より

もやっかいで難しいのですから。

心の傷には、優しい愛のひとことを。

子どもを見ていて、「あっ、対応を間違えたか」と気付いたときは、必死でその子の心を立て直すことに努めたつもりですが、はたして私にはどの程度できたでしょうか。

「こんどの日曜日にママと三軒茶屋に遊びに行くの」と一週間毎日、嬉しそうに教えてくれる女の子がいました。月曜日にどうだった、と聞くと、ママが忙しくて行かれなかったというのです。

私の方ががっかりして、ぷーっとふくれたら、女の子は慌ててママをかばいはじめました。本当は私よりももっとがっかりしたでしょうに。

ママを必死でかばったときの女の子のけなげさを、今も忘れられません。

子どもを見ていると、ふっと「私もこの子と同じだった」という気持ちになります。

そして「いいや、この子のほうが私よりずっと上出来ではないか。前途有望」と思い直します。

実際に、保育園で鼻をたらしておしめをしていた子が、いまはほれぼれするほど立派な社会人になっているのですから。

どの子もみな私を追い越してくれました。

赤ちゃんのときどうだったという話はつまらない

子どもといっしょにいたせいか、私はあまり昨日のことを考えなくなったと思

います。そんなひまはなかったというのが本当のところでしょう。

常に目の前のこと、明日、明後日が問題という子どもと一緒になって、私も明日のことで頭をいっぱいにしていました。

ですから幼い子どもといっしょにいて、赤ちゃんのときはどうだったという話は一番つまらない。

「あなたは生まれたときはこんなに小さくてかわいかったのよ」などと言われても、子どもにはピンとこないのではないでしょうか。

それよりも、大きくなったら何になろうという話のほうがずっと関心があり喜びます。

なによりも、子ども自身は常に成長したがっているということです。

まさに全身これ成長願望のかたまりなのです。

子どもはお母さんの弱みを突いてきます

「保育園に行きたくないの？　そう、だったら今日はお休みにしましょうね」
子どもと一日一緒にいられたらさぞ気楽でしょうが、そう簡単にはいきません。

保母学院を卒業してすぐ主任保母になったとき「毎日、全員よろこんで登園する保育をしてください」と園長に言われた私は、一七年間ひたすら全員出席を目標にして子どもとつきあってきました。

子どもたちも、おともだちを待っています。

一人も欠席のない日は、保育も充実して、みんな大喜びで上機嫌でした。ですから、休まないでほしいのです。

それに働いているお母さんなら仕事はやめられないし、なにより今これから仕事に向かわなければならない。

子どもはそんな弱みをぐっと突いてきます。

保育園に行きたくないと言う理由は、ただちょっとごねたいだけかもしれないし、お母さんに甘えてみたいのかもしれない。

子どもにはいろんな面がありますから、「保育園で問題が起きているから行きたがらないのだ」と勝手に決めつけられません。

問題があるとしても、それはその子にとって越えなければいけない問題かもしれない。子どもは日々成長しているのです。

そんな時おすすめなのは「あらそうなの、行きたくないのね」とか「じゃあ先生に、今日は保育園お休みしますって言いに行きましょう」などと話をしながら、とにかく保育園に向かうことです。

子どもがあの手この手で来れば、こっちもあの手この手です。

子どもには負けていられない、だから子育てはスリル満点、面白いのです。

子どもにはけっこうチャッカリしたところもあります。でもそんなワル賢さもなければ、これから生きていくうえで困るでしょう。何もかも悪びれず丸出しなのが子どものいいところです。

みどり保育園に勤めていた頃は常に、なにか子どものハートをつかむものはないかと探していました。

どこそこにタヌキが出たという新聞記事で、おはなしができる。銀座のデパートのディスプレイからヒントをもらって、折り紙や切り紙に応用するなど、保育の材料はどこにでもありました。

子どものために、良いものがあれば拾っておくのです。

子どもと過ごす時間はいつだって真剣勝負だったのですから。

わが子にもにくたらしいところがありました

反抗期あっての幼児期です。

息子とは毎日けんかの時期もありました。私だって負けていられません。例えばテレビチャンネルの取り合いはどうするか。番組を選ぶ際、なぜ私は見たくないか、見せたくないかをはっきりと説明しました。

そしてこのテレビは私が働いて買ったのよ、だから私の見たくない番組、子どもに見せたくない番組は見ないの。くやしかったら早く大人になりなさいと言っていました。

そのせいか息子は「子どものいない家はおもちゃを買わないからお金持ち。子どものいる家はおもちゃを買うからお金がない」と自分なりに諦めていました。

以前、雑誌のアンケートで子どもとの付き合いかたを聞かれて、「子どもをバカにしないこと。子どもにバカにされないこと」と答えましたが、それは今も変わっていません。

私は私、子どもは子ども。一人の個人として付き合うことも必要。無理して子どもに合わせることはありません。

どこのうちでも早期教育をしています

もうずいぶん前から、新聞の折り込みに早期教育の広告が入ってくるようになりました。「二歳では遅すぎる」「英才教育引き受けます」「能力開発します」な

んて言っているけれど、お金を出せばうまくいくというものではないでしょう。

生まれたときからそれぞれのお家でやっているではありませんか。

家に本がたくさんある子どもは、本に興味を持つ。しょっちゅうクラシックを流しているお家の子は音楽好きです。

祖父の代から続く造園業のお家でやっと授かった一人息子、あとを継ぐと思っていたら料理学校に進んで周囲がびっくりしたことがありました。

聞くとお父さんが食道楽で、息子が小さい頃からしょっちゅう美味しいところへ連れて行っていたそうです。これも早期教育の成果といえるでしょう。

興味のある子は、その気になれば「あいうえお」を一晩で覚えるといいます。字を読めれば面白いことができるから覚えたくなっただけのこと。小さい子だってトランプやカルタが大好きです。

読めないと困るだろうって心配することはありません。

目的があれば覚える、便利だから覚える。その気にさえなれば文字でも数でも、アルファベットだって覚えます。お父さんやお母さん、お兄さんお姉さんのやることなすことすべてが、憧れの的。自分もやりたくて仕方ないのが幼児期の子たちの共通点です。

天谷園長先生が、学校に上がる前にこれだけはできるようにと決めていたことが五つありました。鉄棒の逆上がり、棒登り、跳び箱、プール、でんぐり返し。男の子も女の子もみんな、遊びのなかでちゃんと体得して卒園しました。

卒園した後、家庭の都合で小学校を五回も転校した女の子がいました。さぞ苦労も多かったでしょうが、保育園で何でもできる自信がついていたからどこに行っても平気だった、と笑って話してくれました。

もともと積極的で利発な子でしたが、三〇年ぶりに会うとヤル気まんまんの性格がそのままです。

「先生にはよく叱られたけれど、かわいがってもらって自信がついたの」

と言ってくれました。

わが家は三権分立

わが家は三人家族、父親と母親と子どもで三権分立です。
だれか二人の間でけんかが起きても加勢はしない、不可侵条約を守っています。
みなさん、学校の憲法の授業で習ったでしょう。

息子と夫がいさかいしても私は知らん顔、私と息子がやり合っていても夫は知らん顔をしています。

息子が三歳くらいのとき、腹が立ったんでしょう、ぬいぐるみのクマに八つ当たりして叩いたり投げたりしたことがありました。

すると夫が無言で、息子に同じことをしたのです。私はハラハラしたけれど、だまっていました。自分のしたことがどういうことか、分からせるためでしょう。

三権分立は小さい頃からやっていますから、息子が私のところへ来て「お父さんがひどい」なんて訴えない。二人のことは二人で話し合って解決するしかない。二人がこれはこうと決めたら、私は納得します。

とはいえ何でも「二人だけで」というわけではありません。「お父さんがどう思うか聞いてみたら」とうながすこともありました。

大切なのはそれぞれが尊重され、独立しているということだと思います。

息子が赤ん坊のころから五〇年、男同士のやりとりを傍で眺め、男とはこういうものかと驚いたり呆れたり感心したりを繰り返してきました。

つくづく男は女と違うと脱帽します。だから子育ては、お父さんとお母さんとふたりがかりでなくてはとても大変だと思います。

女手ひとつでも、男手ひとつでも、シングルの苦労が察せられます。でも、子どもは親の苦労を承知しているはずです。頼もしく育つでしょう。やり甲斐のある「苦労」であることは確かです。

さてずっと後のこと、大学を卒業した息子がインドへ旅行し、無事に帰国した後に赤痢と判明、隔離病院へ直行したことがありました。

法定伝染病だったので二〇日間入院。ですが、私は不思議なくらいほっとしていました。どこにいるのかも、どんな危険な目にあっているのかも分からない旅行中にくらべたら病院は安全そのもの。いたれりつくせりの保護と治療を、しかも無料で受けたのです。「我が子を心配しないでよい」とはなんてありがたいことかと、都立病院に感謝しました。

心を寄せあって楽しめるのは、幼児期まで

子育てには、「抱いて」「降ろして」「ほっといて」。子どもの発達に合わせた三段階があるといえるでしょう。

「抱いて」は幼児期で、ちょうど保育園、幼稚園に来ている年頃まで。お母さんにとっていちばん子どもと幸せを共有できる時ではないでしょうか。

お母さんの膝の上で本が読める、この時代を大事にしてもらいたいのは、お母さんの感性が素直にまっすぐ子どもに流れるからです。

おはなしの世界はお母さんの言葉になり、体温になって子どもに伝わっていく。人生で最高に幸せなときだと思います。

グリム童話に「おおかみと七ひきのこやぎ」のおはなしがあります。あの出しを一〇人のお母さんが読めば、まさしく十人十色の読み方をするでしょう。「あるところに子どもが七匹もいるお母さんやぎがいました。そのお母さんやぎが子どもを可愛がることといったら、人間のお母さんと同じでしたよ」

ここが面白いと思うのです。

元気なお母さんもいれば、センチメンタルなお母さんもいる。陽気な人、少し陰のある人もいる。そそっかしい人や、おっちょこちょいもいるし、朗らかでいつも笑っているお母さんもいる。

それぞれがわが子に対する気持ちを込めて読むでしょう。「七匹も」のところでびっくりする人もいれば、あきれてうんざりという調子の人もいるでしょうし、淡々と読む人もいるでしょう。お母さんがどういう気持ちを持っているかが、みごとに子どもに伝わると思います。

子どもが成長して、「降ろして」といったら、降ろさなくてはなりません。さらに「ほっといて」といったら、見て見ぬ振りをしてなきゃいけない。手出し、口出ししたいのをこらえるのです。

そういう段階が控えているわけですから、大切なことはやはり「抱いて」の時期、言いたいことを全部率直に伝えられるときに伝えておきたいものです。

あとで後悔しないように。

ケガや命に
かかわる危険は
叩いてでも教える

「子どもの権利条約（児童の権利に関する条約）」の趣旨は、子どもの最善の利

益を守ること、すなわち子どもの命を守ることです。

一九八九年に国連で採択され、日本は一九九四年に批准しました。

子どもに関わる大人が求められる必須条件は、病気やケガをさせないことでしょう。そして子ども自身にも、自分の身は自分で守らなくてはならないことを覚えさせることです。

他人を決して傷つけないことも大切です。

ときに説明するより叩いて教えるのが先、急を要するということがあります。

そんな時は「これっ、いけません」とにらみ、「おててピン！」「あんよピン！」。

ここで勢いに任せて叩くのはご法度。ごく軽くさわる程度に「叩く」のです。

ガス栓をいじる。お友だちを蹴っ飛ばす、ひっかく、髪の毛を引っぱる。

そのたびに悪い手、悪い足を軽く叩きます。でも声だけは「ピン！」と厳しく叱ってください。

子どもは「うえーん、いたいよー」と泣いて、それでおしまい。

そのうち叩かなくても「ピンよ！」とにらむだけで「いたいよー」と泣くようになり、その効果はてきめんすぎるほどでした。

先生に「めっ」と叱られ、「ピン」の響きでいけないことだったと後悔、泣いて反省を示す。

これがみどり保育園の日常のひとコマでもありました。

年長児になると、不思議とこの決まりごとは消滅して「めっ」も「ピン」も不要、聞き分けのよい子になっていました。

4

本は子どもと一緒に読むもの

「読み聞かせ」でなく、子どもと一緒に読む

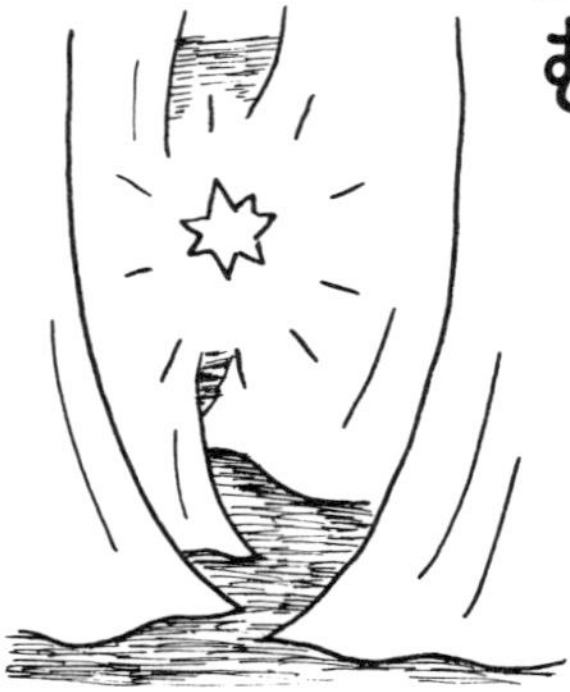

私はいつも、子どもと一緒に絵本を読みましょうといっています。
読み聞かせという言葉には「読んで聞かせる」「言って聞かせる」という感じがあって好きになれない。そこで「子どもと一緒に読む」と表現します。

保育園で一七年間、いろいろな子どもたちとつきあいましたが、絵本や物語の嫌いな子どもはひとりもいませんでした。

もし嫌いな子がいるとしたら、大人の与え方が下手だったのでしょう。よほどつまらない本をあてがわれ、うんざりしてしまったとか。それはその子のせいではなく、周りの大人たちの責任です。子どもはもともと絵本や物語が大好きです。

本を読んでもらうときの子どもの表情は、素直で、無邪気で、かわいいに尽きます。子どもが喜ぶとお母さんもうれしいでしょう。お母さんがうれしいと子どももうれしい。お母さんがワクワクすると子どももワクワクする。お母さんがしんみりするとしんみりする。

お母さんといっしょの楽しいひとときは、人生で一番最初の大切な時であり、人生の原点でしょう。その後、大きくなるにつれていろいろ厄介なことがやって来るのですが、それに耐える力や乗り切る力は、幼児期が幸せであればあるほど強くなるに違いありません。

こわい話には安全地帯を用意して

暗い部屋で子どもを一人きりにしてこわい話をしないこと。
恐怖でふるえあがるでしょう。

おはなしは、子どもを膝にのせ、身を寄せあってするものです。たとえ大男や鬼ババ、おばけが出てこようと、あわてず騒がず、落ち着いてゆったりと平然と語りましょう。

次にどうなるのかが肝心なのです。

本を読むことを心の体験といいますが、私たちは本のおかげで、さまざまな体験を味わい、生き方を学びます。人生を何倍も豊かに経験することができるでしょう。子どもにとって大変興味ぶかいことと思います。

『ヘンゼルとグレーテル』『おおかみと七ひきのこやぎ』『三びきのやぎのがらがらどん』などを一つ一つ頭にえがいてみると、子どもたちはヘンゼルになったり、グレーテルになったりして、どきどきはらはらする。七ひきのこやぎにもなれるし、がらがらどんでは大きなトロルをやっつけます。

情報のあふれる時代ですが、子どもは言葉によって成長します。

お話を聞きながら、筋道を立てて考える力もつきます。

くだらないものを読むのは時間の無駄です

優れた子どもの本とは、読んで子どもが成長する本です。何度も繰り返して読まれ、読むたび新しい発見がある本、真実と創造のある本。古今東西の先人たちが教えてくれています。

作家のアーサー・ランサムは自伝で、子どもの内面を豊かにし、人生の価値を教えるのがほんものの書物、形だけのインチキ本を読ませるな、子どもの持って生まれた読書能力をなまくらにしてしまうからと警告しています。

ランサムは驚くほど本をたくさん読んだ人で、夜寝るときは読みかけの本の上にめがねを置いて「寝ている間にめがねが本を読んでいると思うと安心」というほどでした。自分は母のおかげで読書を楽しんだ、母は朗読の名人だったと感謝を込めて語ってもいます。なぜそんなに名人だったのか。それはお母さんが自分の気に入った本だけを読んだから。くだらない本は一冊も置かなかったそうです。好きな本なら、誰でも上手に読めるのです。子どもたちにとってお母さんの朗読は最高のはずと私も折り紙をつけます。

子育て真っ最中のお母さんには、ぜひ良質のものを選んでほしい。

子ども時代はほんとうに短いのです。ランサムが勧めるような価値ある本が、子どもの手にわたることを願っています。

安心の場から子どもの読書は始まります

子どもと絵本の出会いは、お母さんの膝の上から始まります。
最初はお母さんの膝の上、お父さんの膝の上がうれしくって、絵本であろうと

雑誌の広告であろうと何だっていい。そのうち居心地の良さよりも、本を読むことが第一の楽しみだとわかって、絵本やおはなしが大好きになってきます。「自分は愛されているんだ」という安心の場があって、子どもの読書は始まるのです。

私たちは目の前の子がかわいいから、愛しているから、幸せを願うから、楽しい思いをさせたいのです。

『クシュラの奇跡』を書いたドロシー・バトラーさんは、読書にも訓練が必要と言います。来日しての講演で、その訓練に必要なのはLove（愛）、Laugh（笑い）、Learn（学び）だと語っていました。

この本はたくさんの障害を持って生まれたクシュラという女の子の成長記で、障害のある子にとっても、障害のない子どもにとっても、本というものがどんなに力を持っているか、内面をどんなに豊かにするか、また外とのつながりをどんなに密にするかが手に取るように分かります。

障害児の教育には、教育の原点があるといわれます。

普通の子なら一足跳びに跳ぶところを、障害を持っている子は、足元をひとつひとつ確かめながら成長していきます。そして私たちがつい見逃してしまうことを教えてくれるのです。

またフランス文学者の桑原武夫さんは、すぐれた文学に面白さを感じるのは、私たちが能動的に作品に協力するからだと書いています(『文学入門』)。読者は作家と一緒になって、感じ、考え、悩み、喜ぶ。書物の中でいろいろな心の経験を積むことは、人間が生きていくうえで生きる力になるのです。

子どもは本来本が好きなはずですが、いまは子どもと本の間にいろんなものが割り込んでくる。

その邪魔ものはあの手この手を使い、実に巧妙な手段で押しかけてきますから、それをどう退治するかが大きな課題になっています。

本は決して押しかけて来ない。こちらが手を出さない限り、本はひたすら読み手を待っているだけです。

ですから今は親が積極的に、読書の喜びを教えることが必要でしょう。家庭でも、保育園でも、幼稚園でも、図書館、学校でも、子どもたちを本の世界に案内してほしいのです。

ただ、読み終わったとたんに「おもしろかった?」なんて聞くのはヤボです。そして「もういちどよんで」と言われたらしめたもの。

『いやいやえん』を編集してくださった石井桃子さんは、翻訳者としても児童文学作家としてもよく知られた方です。生前、「人はことばによって人になる。ことばを定着させるものとして本がある」という思いで子どもたちに本を手渡していました。

一番心配なさっていたのは「人間、本を読まなくなったらどうなるのか」ということでした。

赤ちゃんは赤ちゃん絵本、と決めつけないで

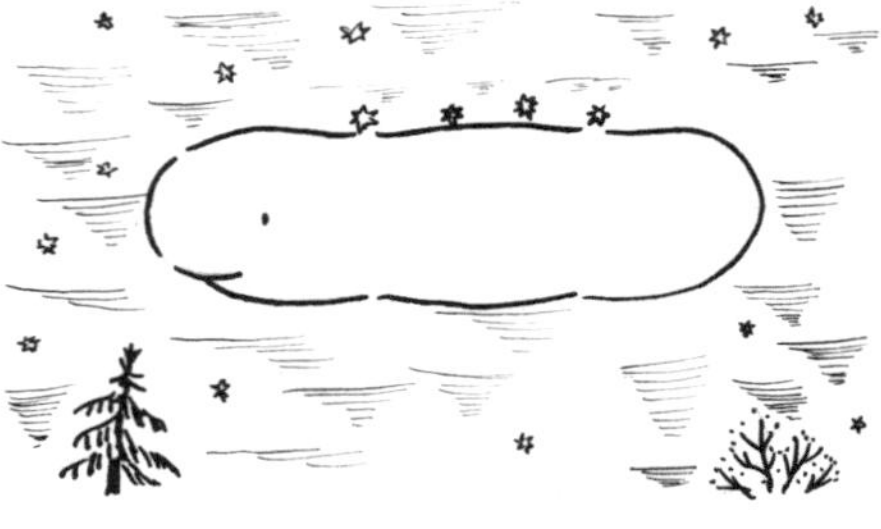

人というのは昔々から好奇心が旺盛で知りたがりやです。次はどうなるか、と想像をたくましくします。

二歳の子どもだっておはなしが好きです。自分では上手にできませんが、聞いて想像する分には二歳でも充分に楽しむ力を持っています。ストーリーがあって、絵やおはなしが子どもに語りかけてきて、ページをめくるたびに次へ次へと展開してゆく。

昔の赤ちゃん絵本はやたら動物がでてきて、「うさぎさんかわいいね」といって次のページをめくると、ねこさんがでてきて「かわいいね」、その次はいぬさんで「かわいいね」……というパターンでした。それだけではつまらない。ねこだったら石井桃子さんの『ちいさなねこ』は、一匹のねこがいろいろな目にあっていくおはなしでハラハラしたりドキドキしたり、くり返し楽しめる内容があります。

読むたびに何か発見があって、子どもをひきつける傑作絵本です。

トルストイは優れた芸術の三つの条件を挙げています。それは文学だけでなく、絵や映画やお芝居、子どもの本にも当てはまるでしょう。

一番目は「新鮮さ」。読むたびに新たな感動を覚えること。

二番目は「誠実さ」。作家がただ小説を書きたくて書くのではだめで、そこに精神的にすぐれたもの、誠実さがあるからこそ人の心をうちます。

三番目が「明快さ」。相手にわかること。特に子どものものは明快であることが第一条件です。

良い本と出会うのは幸せなことです。

生まれてどんな本に出会うかで、人間の運、不運というものはかなり左右されるのではないかと思います。

私はすべての子の幸福を願っています。

本を読むにはエネルギーが必要です

本を選ぶのは大人の役目、読むのも大人の役目。
子どもは大人のひざで居心地よくゆっくりしていればいい、本当にしあわせな

ご身分とうらやましくなります。

やがて子どもは自分で読むようになります。本棚の前に立ち、本の背中をじーっとにらんで、おもしろそうと思ったら手に取ってみる。

パラパラめくって、カットや活字や見出し、目次に目を走らせて、これはいいと決めたら読む。ねらいが的中しておもしろい本なら満足しますし、はずれならがっかりする。こんなことをくり返すうちによい本、つまらない本を直感的にかぎわける力が身につきます。

これは幸福発見の貴重な技術でしょう。

会得しますと、生涯役に立つからです。

ただし、いつも課題図書など与えられた本ばかり読んでいると、身につかない。学校で読むように言われて感想文を書いて……。あれはいわゆる要領でして、私は得意でした。

感想文を書けなんて、だいたい求めることはわかっています。本の好きな子ならなおさらでしょう。

だから、先生が満足するようなのを書けば三重丸をもらえたのですが、うそをついて悪いことをしたような気がしたものです。

建前みたいなところばかり器用になってしまったら、ご安泰すぎてつまらないでしょうね。

子どもたちには、自分でためつすがめつのゆとりを持たせたい。

たとえ遊びざかりの小学生でも、誰にも邪魔されないでひとりでゆっくり本を読む静かな時間を確保してほしいものです。

子どもにおもしろい本は、大人にもおもしろい

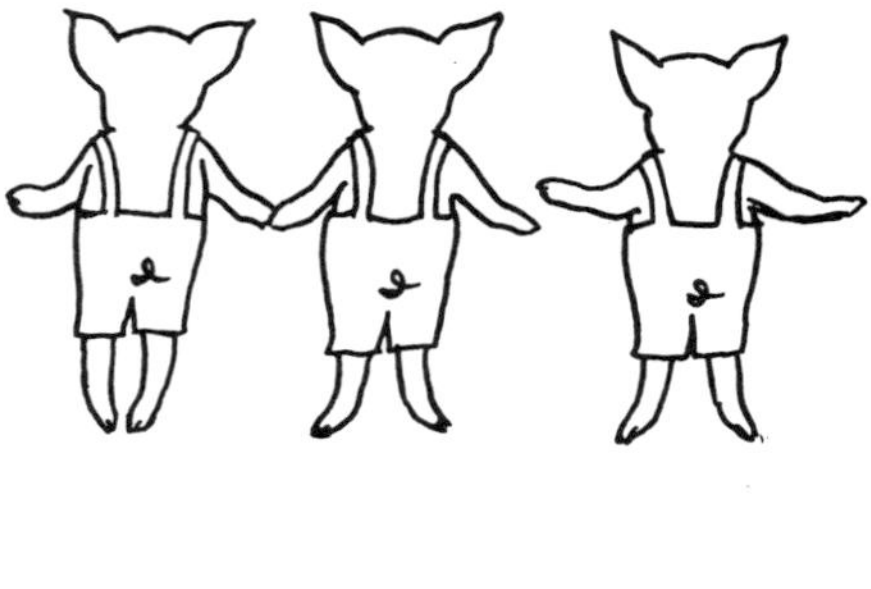

例えば、知りたがり屋のおサルさんがいます。「おさるのジョージ」の絵本、あれは一人で読んでも面白いのですが、子どもと一緒に読むと、何倍も面白い。

『ちいさいおうち』も子どもと一緒に読むと、まさに絵本の中にすっと入ってしまい、小さなおうちがいっそう生き生きと、まるで命を持った存在になります。これは子どものみずみずしい鋭い感性が、私のほうにもびんびん伝わってくるおかげです。

でも時には、読んでいて子どもが戸惑ったり、お話からすっと離れたりすることがあります。ほんとうにそれははっきりわかります。

実にむなしいものですが、そういうときには必ず本のほうに欠陥があって、ぎくりとさせられます。

文法上の誤りだったり、「てにをは」の間違いだったり、感傷が混じり込んできて緊張度がすっと弱まったり、文章のダレがあったり、むだが入り込んでいたり……じつに正当な理由があるものです。

ですから本を読んでいる途中で子どもが飽きても、子どものせいにしないこと。今度は飽きないおはなしを選んでください。

見ているつもりでも、見落としがいっぱいある

子どもが喜ぶから。
もういっかいと催促するから。

子どもの幸せに満ちた姿を眺められるから。

落ち着いてゆっくり子どもと向かい合えるから。

だから私は子どもと一緒に本を読みたくなりました。

お気に入りの絵本が一冊あればすぐ味わえる、手っ取り早い楽しみかたです。

何より子どもが楽しいと私も楽しい。

子どもってうれしいとにっこりするでしょう。

子どもを幸せな状態に置くのが、保育の醍醐味でした。

「さあ、本を読みましょう」「おはなししましょう」と子どもを私のまわりに集めてひとりひとりとゆっくり向き合うと、今まで見逃していた面が見えてくるものです。鈍いと思っていた子のおはなしへの反応から、その子なりに感じ取っている表情に、はっとすることはしばしばでした。

『しろいうさぎとくろいうさぎ』では、くろいうさぎと一心同体になって「こんなにせつない思いをしてるのに、しろいうさぎはちっとも感じ取らない」と気をもんでいる子もいれば、しろいうさぎと同じで、最後の最後になって「ああそうか」とにっこりする子もいます。

『ちいさなねこ』は、反応ぶりからお母さんとの関係が分かります。

神経質で、いつも子どものやることをぴりぴりしながら見ているお母さんの子は、緊張してたいへんです。子ねこがひとりで外へ出て行くなんて、とんでもないのですから。けれども、のんびりしているお母さんの子はへっちゃらです。おはなしの最後、子ねこがおかあさん猫のおっぱいを飲んでいるところでは、うれしそうな子もいれば、ちょっと恥ずかしそうな子もいます。きっと夜、お母さんのおっぱいを飲んでいるのでしょうね。

下に赤ちゃんが生まれて、まだまだ甘えたいのに赤ちゃんにお母さんを取られた子は、複雑な表情を見せます。反抗的に「いやらしい」と言ったりする。

子どもたちと一緒に絵本を読みながら、一人ひとりの表情をじっくり眺めると思わぬ発見があって、保育のうえでとても役に立ちました。

わが子とも毎晩本を読んでいました

息子も絵本が大好きで、気がつくと二歳の頃には毎晩、寝る前に欠かさず読んでいました。でももう一冊、もう一冊とねだられると、くたびれてにくたらしく

なっちゃう。

保育園と違って、うちで読むときはもうかまわない、『いたずらきかんしゃちゅうちゅう』なんてものすごい速さで読んでいました。

時速二五〇キロよ。息子は「あああああっ」なんて言ってね、いま考えるとひどい母親ね。

そのうち絵本から物語のある児童書へと移っていきました。

『エルマーのぼうけん』『たのしい川べ』『クマのプーさん』に、『ドリトル先生』……。岩波少年文庫を中心に、子どものうちに読んでおきたい本を毎晩読みました。長編は「続きは明日」って。

私が読めない日は夫が読み、来客が引き受けてくれたこともありました。

小学校にあがるまで続いたのは、私たちの気に入った本を読んだからでしょう。

息子も、図鑑やプラモデルの作り方は自分で読むけれど、おはなしは親に読んでもらうと決めて楽しみにしていました。

学校に上がると、夜はもう眠くてパタンです。

それに学校の図書室には「怪盗ルパン」や「少年探偵団」や、うちにはないすごく面白い本があるんだと夢中になって親の本には目もくれずでした。

「もう一冊、もう一冊」には、そのうち必ず卒業の日がやってきます。

子どもといっしょに物語や絵本を楽しむ、私にとってこれ以上幸せなことはない、至福のときでした。

がみがみ言いたい気持ちを本で解消

親は子どもがかわいいからこそ、顔を見ると黙っていられません。赤ちゃんのときは名前を呼んであやしていれば満足だったのに、幼児になると

いろいろ注文したいことがあって、子どもの側ではいささかうんざりでしょう。ああしたらとか、こうしなさいとか、これが気になるとか、これも気に障《さわ》るとか。小言の一つ二つ、かならず言いたくなります。

「なにその格好」「手が汚い」「あなたご飯の時、手を洗ったの」特に男の子だと不潔、だらしがない、乱暴、不作法、言葉が悪いとお母さんの心配のタネは尽きません。それもわが子を思えばこその親心なのですが。

ならば本を一緒に読むのも同じことと考えてはいかがでしょう。子どもになにか言いたい気持ちを、読むことで発散できるのではないか。親にしたら何か言えば気がすむのだから、どちらでも同じでしょう。

そうしたら子どもとしては、小言より『いたずらきかんしゃちゅうちゅう』や『クマのプーさん』をいっしょに読んでくれたお母さんに、よい印象を持つのではないでしょうか。

子どもたちは昔話も大好きです。

私も好きですけれど、結局常識が勝ってハッピーエンドになる。兄弟が三人いてどこかへ冒険に行く。たいてい一番上の兄さんは欲張り、二番目の兄さんは意地悪と決まっていて、三番目の普通の良い子が、最後には幸せになります。

三番目の子は良心的で正しいことをちゃんとやっているから良い目にあうんで、兄さんたちはうそをついたりごまかしたりするからひどい目にあう。考えてみると当然のことなんです。

でもお話で読むととても面白くて、最後はいい気持ちで終わるでしょう。

そういう当たり前のことがきちっと子どもの心の中へ入っていくうえで、昔話は独特の力を持っているんじゃないか、昔から人々はそういう話を繰り返し繰り返し聞いて、人間らしい生き方を学習してきたのではないかと思います。

さあ、一緒に本を読みましょう。

いい作品には
いいお母さんが
います

すぐれた児童文学は最高の育児書です。『小さい牛追い』の四人の子持ちのお母さん、『あらしの前』『あらしのあと』のお母さん、『大草原の小さな家』のお母さん。

時代は違っても、誰もがこのお母さんたちに学ぶことができます。

なかでも私が大好きなお母さんは『小さい牛追い』、ノルウェーのランゲリュード農場の主婦です。家族は無口な農夫の夫と、一〇歳をかしらに男の子が二人と女の子が二人。お母さんはあらゆる家事、家畜の世話、畑すべてをやりこなします。じつは著者マリー・ハムズンの夫はノーベル文学賞をとった作家クヌート・ハムズンで、都市生活を否定した人でした。

健康で明るいこのお母さんは、決してヒステリーを起こしません。どんなに忙しくても悠々たるもので、子どもの訴え、不満、怒りには耳を傾け、最後に必ず「わたしはおまえを愛しているよ」と抱きしめます。

すると子どもは幸せいっぱい、まるで天使のようにはればれとして外へ飛び出して行くのです。この本を私はもう何回読んだかわかりません。

自分が母親になって読んだとき、今まで気がつかなかったさまざまな発見があって驚きました。子どもの喧嘩、いたずら、危険な遊び、ケガ、病気などなど母親が真っ青になったにちがいない場面がたくさんあるのです。

一〇代で読んでいた頃には全く気がつかないまま、ただただ作中の四人の子どもたちと一緒に遊びまくって満足していたのですが。

そもそも子どもというのは欠点だらけで、自分なりにいい子になっていこうと悪戦苦闘しているのではないでしょうか。ですから私たちが考えているより、けっこう悩んでいるんじゃないかと思います。

そんな子どもたちの支えになるのは、お母さんをはじめとする周りの大人です。トラブルが起きて子どもが進むべき方向を見失ったときに、どう手をさしのべ、どのようにして力を貸してやるかが本の読みどころになります。ですが主人公はあくまで子どもで、自力で良い方向へのびていきます。

その子が持って生まれた、想像力やユーモアの感覚、ありったけの知恵を働かせて、人生の難関を一つ一つ突破してゆく。だんだん強く賢く、心は広く、柔軟になってゆく。そこが子どもの文学の面白さだとこの年になって気がつきました。

生きるものの喜びと悲しみ、正義や欲望、愛情や怒りなどを、子どもなりにたっぷりと味わうことで、生命力を獲得し、育てていくのではないかと思います。これはとても重要なことです。

私は新制中学校で、創刊したばかりの岩波少年文庫に出会ったことが大きな幸せでした。自分の身の丈にあった読書で、人間はどのようにして生きていかねばならないかを学びました。

子どもの日常は大人の日常よりドラマチックとはいえ、本のなかほどいろいろなことが起こるわけではありません。読書では何人分もの人生を味わえるということになります。

子どもを知るために、母親を知るために、ぜひ児童文学をお読みになるとよい。

大人になってからも子どもの文学はなかなか面白いものです。児童文学は文学のなかでも特殊な存在と感じられ、昔から読み継がれてきた古典といわれる作品を今読むことによって、人間のあるべき姿に改めて気づかされるのです。

5 いいお母さんって、どんなお母さん？

子どもがドンと
ぶつかってきて、
よろめくようではだめ

子どもがご飯を一杯食べるのなら、お母さんは二杯食べなきゃだめよ、と私は

いつも言っています。子どもがドンとぶつかってきても、よろけないで突き返せるくらいの体力が必要だからです。

子育て真っ最中のお母さんが、私にはうらやましくてたまりません。なんて幸せな人だろうと思います。

子育てに追われておしゃれもできない、社会から取り残されているなどとぼやいていますが、そんなことはありません。あなたはまぶしいほど輝いています。世の中のすべてのことが我が子の将来にかかってくるのですから、いま社会の先端に立っているのはお母さんたちです。窓際族の私には本当にうらやましい限りです。

ただし忙しさのせいで、自分の体を後回しにしているお母さんがけっこういます。健康診断はちゃんと受けてほしい。

子どものために自分を犠牲にするという時代ではありません。

何よりも自分自身をふくめた家族を大事にしてほしいのです。

お母さんの得意とするものがひとつあれば十分

子育てをしていると、やるべきことが次から次に出てきます。家事にしたって終わりがありません。そのなかでひとつぐらい、これは私が全責任を持つと決め

たのが食事でした。これが私の一点豪華主義です。

家族全員が毎日美味しく食べられるものを用意して、栄養失調にも食中毒にも肥満にもしないこと。

これは私の担当と決めて、だれにも有無を言わせない。いささか自己満足ですが、これで十分に自分自身を評価していました。

息子が高校に入った時、生徒指導の生物の先生が「お弁当は持たせてください、餌付けが大事です」と仰った。ならばと三年間、お弁当だけは私が作って持たせました。

保育園でお母さんを見ていると、お弁当作りが上手なお母さんもいれば、趣味のいい服を着せるのが上手なお母さんもいました。ただ両方できるという人はあまりいなくて、たいていどちらかだったものです。

得意なものがひとつあればいい。

それでお母さんは、自信をもっていばっていればいいと思うのです。

いろんなお母さんがいて、いろんな良いところがある

某幼稚園には何かというと自分は国立の四年制大学を出ているといばるお母さんがいて、まわりのヒンシュクをかっているとか。夫の学歴や勤め先を自慢する

人もいるとかで、あきれます。

かと思うと、田舎育ちで草取りが得意だからと園庭の雑草をきれいに抜いてくれたお母さんもいました。

いろいろなお母さんがいるものです。昔も今も、都会にも地方にもいます。

最近ではお母さんがいろいろな情報を持っていて、園の先生にぶつけてくるなんて聞きます。ならば先生は、親を教育するくらいの自信と責任をもってほしい。

先生に直接文句を言うなんて、正直で無邪気ではありませんか。

どんなお母さんも、子どもにとっては大好きな人です。

気になるのは、「私はこんな子を産みたくなかった」とか「私は子どもが嫌いなんです」と子どものそばで平気な顔して言うお母さんです。私が先生方から直接聞いた話なのですが、こんなふうに言われた子どもの気持ちはどうでしょうか。

日本全国の保育者たちの悩みはどこも同じ、この恐ろしいお母さんの「ひとこと」でした。

子どもの心を無視する親が問題です

「駅の近くの保育園」に、「二四時間保育」。少子化対策をうたった、いろいろな情報を耳にしますが、まるで子どもをモノ扱いにしているようで心配になります。

もっと子どもの側に立って、ほんとうに大事なのは何かを真剣に考えてほしい。このままだと大人の都合だけで保育園づくりがうんぬんされていくような気がしてなりません。

子どもの不幸に加担するような政治や経済、外交や産業などを許すわけにはいかない。子どもを食い物にする産業を野放しにしないでほしい。

『ドリトル先生』シリーズの主人公、ドリトル先生はたいへんな人格者で教養豊かな科学者です。博愛平等主義者で正義の人。そして子どもの心をずっと持ち続けている人です。

いつもシルクハットにモーニング姿で、もしあんな園長先生がいたら子どもたちはきっと大喜びでしょう。物語に登場するサルやアヒル、ブタやオウムなら、子どもの心を忘れたわからんちんの親を、上手に教育してくれるにちがいない。

私は世界中、すべての子どもの幸せを願っています。そして子どもたちを大人の都合で不幸にしてはならないと強く思います。

子どもが一番いやなのは夫婦げんかです

全国あちこちのベテランの先生方から聞くのは、いい子に育てたかったら「夫婦仲良く」ということです。

とても難しいでしょう。

ですが良いお父さんとお母さんは、たとえけんかしてもちゃんと仲直りします。とはいえ私も夫婦げんかはよくしました。二人で言いたいことを言うから、子どもがいるところでも遠慮なし。

いつだったか、息子が部屋に入るなり、一言、「どうもこのうちは暗いねえ」って。仲裁なのか嫌味なのかわからないけれど、反省しました。子どもの方も気づかぬふりして、よく分かっている。

結婚して五〇年以上になりますが、相手を尊重することが夫婦仲良くのカギでしょう。

みどり保育園では、もし入園テストをするのだったら、子どもはどんな子でもいいから、両親に来てもらおうと言っていたものです。二人の関係がよければ子どもは預かりましょうと。夫婦仲のよい家庭の子は情緒が安定していて、とても保育がしやすいのです。

子どもとつきあうには石頭ではだめ

息子は小さいとき靴下が大嫌いでした。足が火照《ほて》るらしく、靴下を見ると逃げ出したものです。

ある冬の朝、寒いので無理やり履かせたら、「きゃっ」と叫び「靴下の中にハリネズミがいる!」と脱いでしまいました。

私はびっくりしてすぐ靴下の中を見たのですが、ハリネズミはもういません。でも本人が言うのですから確かにいたのでしょう、靴下はあきらめました。

子どもといると、いろいろおかしなことがあって、私はときどきそれをネタにお話を書いています。

子どもとつきあうには、子どもに負けない、自由で軟らかな頭が必要です。ユーモアのセンスも欠かせません。体力もエネルギーもいります。負けてはいられない。

もし向こうがこちらにとんでもない話を投げかけてきたら、私はさらに想像力を加えて投げ返します。向こうがへとへとになって、降参と言うまでやり合うと、そこで話は終わります。が、相手はまた別の手を考えてくるでしょう。子どもとつきあっていると、ほんとうに面白いのです。

でも、ときには私のほうがむきになりすぎて相手を怒らせることもあり、謝ったり恥じ入ったり、しょっちゅう反省していました。

今も忘れられないのは、「先生がおばあさんになったらぶってやる」と私をにらみつけた五歳の女の子のこわ〜い目です。

名前と顔は忘れても、目だけは脳裏にやきついたままです。

いいお母さんは、子どもの喜びに敏感です

「母の友」という雑誌で「こどものひろば」という欄を二年間担当していました。全国の読者から寄せられる子どもの言葉のなかから毎月二つ選んで、コメント

と写真を載せるページです。子どもの言葉がほんとうにかわいいのです。

「ねえママ、大きくなったら結婚しよう。そして、もっと大きくなったら二人でネコになろう」

これはあいちゃん、四歳の子です。

「ネコになろう」というのは、ネコの親子が気持ちよさそうに日なたで寝ているのを見て、うらやましかったのではないかと思います。好きなお母さんとああやって一日ひなたぼっこをしていたら、どんなにいいと思ったのでしょう。

「ママ、春巻きの皮になって。僕は中身になるから」

りひとちゃん、五歳の男の子です。きっとお母さんの作った春巻きが大好きで、食べているときはとても幸せで、さらに自分が春巻きの中身になって、お母さんに抱かれたらと、春巻きを食べ食べ考えたのでしょう。

いのりちゃん（二歳）はこうも言っています。

「いのりのおなかの中にはね、かあかの大好きがいっぱい入っているの」

かあか、はお母さんのこと。二つの子がこんなことを言うのかと感心しました。六歳のたけちゃんは、「どうして僕はこんなにもママのことが好きなのかな。ママは魔法を使ったの？」と聞いています。

「みいみとお母さんはぴったりだね。だって、お母さんは抱っこするのが好きで、みいみは抱っこされるのが好きだもん」という、ちゃっかりしたお嬢さんもいます。

ひろちゃん（三歳）は、おしゃべりらしいのです。ちょうどおしゃべりが楽しい年ごろなのでしょう。「どうしてそんなにおしゃべりばっかりするの？」とお母さんに聞かれて、「それはね、お母さんにいいことをたくさん教えたいからだよ」。

読んでいると子どもたちの無邪気そのものの姿が見えてきてうれしくなってしまいます。

いろいろなお母さんに出会いましたが、いいお母さんは子どもの喜びに敏感です。子どもがうれしいとお母さんもうれしい、そしてお母さんがうれしいと子どにはうれしいのです。

頭のてっぺんからつま先まで、子どもは全身で表現していますから、お母さんにも分かります。

子どもが何か話しかけてきたら、ちゃんと受け止めてください。

聞こえないふりをしたり、約束を破ったりはしないで。子どもに負けないくらい、どんなに愛しているかを態度で示してほしいのです。

口が裂けても「あんたなんか好きじゃないわ」と言ってはいけません。

最後にもう一度、子どもは本当にお母さんが大好きなのよ。

それからもう一つ。子どもは笑うのが大好き。うれしいとすぐ笑う。

子どもの笑顔の愛らしさは格別、私のエネルギーのもとです。

おわりに

もう一回子育てできるならあんなに叱らないわ、もっと甘やかしてかわいがるなんて、私の友人たちは反省を込めて話します。だから怒っているお母さんを見かけるとああもったいないと思うんですって。おかしいでしょう。

私はもう、よその子を見ているだけでかわいい、それで十分という気持ちです。同時に子育て中の余裕のなさというのも貴重で幸せな緊張感だったと思います。

私自身、子どもを食べさせ、着させ、健康でいさせるのに気を張っていました。一八歳までは事件を起こしたら母親の責任と腹をくってもいました。いざというときは私も一緒に警察署へってね。当時はそれだけの体力も気力もあり、そして母がどうあれ、子どもは猛烈に成長していたのです。

みどり保育園では、お正月がすむと次の四月に小学校にあがる子どもたちが目に見えて立派になりました。学校からお手紙がきて身体検査やなんかがある。それで自分たちは一年生になるんだ、えらいんだっていう意識で一気に知的に目覚めていくのです。心も体も準備が整い、本当に学校に行く時がきたんだと分かりました。お散歩に行くとき学校の前を通ろうなんていうとみんな大喜びですし、大きなお兄さんお姉さんがいる子は、「学校には校長先生がいるんだ」「音楽室があるんだよ、保育園とは違うんだ」と教えてくれます。

学校にあがるのは子どもにとってひとつの山なのです。保母学院の実習で行ったいろいろな施設の子も、入院中の子も、学校を一番の楽しみにしていました。「先生はかわいそうだね、いつまでも保育園にいて」なんていう男の子もいたほどです。みどり保育園では特に勉強はさせませんでしたが、お話の聞かれる子に育ったということが私たちの喜びでした。

もしもうちの子大丈夫かしらと心配でも、お母さんががんばる必要はないのです。子どもは所有物ではありません。人として尊ばれ、社会の一員として重んじられ、よい環境で育てられれば自ずとしっかりしていくものです。私は自分より上出来ならいいと思っていました。よその子と比べないで、自分と比べてください。自分よりできたら、それで満点、合格です。

最後に、お母さんはじっくり子どもに向き合うのと同じくらい、世の中に関心を持たなくちゃいけません。社会のいちばん先端に立っているのですから、児童憲章を知り、選挙にも行き、健康診断も欠かさない。ほかのお母さんから学ぶことも大事です。そうして自分も成長するのです。

子育ては甘いものじゃないけれど、生きがいそのものです。エクササイズに通ったりカルチャーセンターに行ったりするような暇はまるでない、というのが子育て中のお母さんの立派な証なのよ。

装画・挿画出典一覧

カバー〈表1〉――『そらいろのたね』p.15
カバー〈表4〉――『なぞなぞえほん 2のまき』（たいこ）
表紙〈表1、表4〉――『ぐりとぐらのかいすいよく』p.9
本扉――『なぞなぞえほん 1のまき』（セーター）
p.3（目次）――『いやいやえん』p.5
p.4（目次）――『いやいやえん』p.18
p.10――『なぞなぞえほん 1のまき』（ふうせん）
p.11――『なぞなぞえほん 3のまき』（かみのけ）
p.12――『いやいやえん』p.175
p.16――『いやいやえん』p.94
p.19――『いやいやえん』p.80
p.21――『おひさまはらっぱ』p.13
p.23――『いやいやえん』p.44
p.25――『なぞなぞえほん 2のまき』（かみなり）
p.28――『ぐりとぐらかるた』の“し”
p.33――『ちいさいみちこちゃん』p.19
p.36――『ぐりとぐらかるた』の“せ”
p.37（章扉）――『はねはね はねちゃん』p.5-6
p.38――『いやいやえん』p.148
p.41――『なぞなぞえほん 3のまき』（おかあさん）
p.45――『はねはね はねちゃん』p.2
p.48――『ぐりとぐら』p.9
p.52――『いやいやえん』p.29
p.57――『なぞなぞえほん 3のまき』（こもりうた）
p.61――『ねことらくん』p.20
p.64――『なぞなぞえほん 1のまき』（せっけん）
p.67（章扉）――『ぐりとぐらのかいすいよく』p.26
p.68――『いやいやえん』p.106
p.70――『なぞなぞえほん 3のまき』（うばぐるま）
p.73――『おひさまはらっぱ』p.9
p.77――『おひさまはらっぱ』p.30

p.79 ——『いやいやえん』p.1
p.80 ——『いやいやえん』p.45
p.82 ——『いやいやえん』p.143
p.85 ——『いやいやえん』p.9
p.86 ——『いやいやえん』p.6
p.88 ——『いやいやえん』p.39
p.91 ——『おひさまはらっぱ』p.79
p.94 ——『森おばけ』p.41
p.97 ——『なぞなぞえほん　3のまき』（けんか）
p.100 ——『なぞなぞえほん　3のまき』（なまえ）
p.101（章扉） ——『ぐりとぐらの1ねんかん』p.20
p.102 ——『森おばけ』p.13
p.104 ——『なぞなぞえほん　2のまき』（おばけ）
p.106 ——『ぐりとぐらのおきゃくさま』本扉
p.108 ——『おひさまはらっぱ』p.19
p.112 ——『森おばけ』p.27
p.115 ——『いやいやえん』p.177
p.118 ——『おひさまはらっぱ』p.164
p.120 ——『おひさまはらっぱ』本扉
p.123 ——『いやいやえん』p.81
p.125 ——『おひさまはらっぱ』p.126
p.126 ——『かえるのエルタ』p.7
p.129 ——『なぞなぞえほん　3のまき』（めがね）
p.133（章扉） ——『なぞなぞえほん　2のまき』（つき）
p.134 ——『いやいやえん』p.78
p.136 ——『なぞなぞえほん　1のまき』（スパゲッティ）
p.138 ——『おひさまはらっぱ』p.169
p.140 ——『おひさまはらっぱ』p.73
p.142 ——『おひさまはらっぱ』p.181
p.144 ——『いやいやえん』p.137
p.147 ——『おひさまはらっぱ』p.47
p.160（奥付） ——『おひさまはらっぱ』p.178

中川李枝子全作品リスト

《中川李枝子　山脇百合子　共同作品》
童話『いやいやえん』福音館書店　1962年
絵本『ぐりとぐら』福音館書店　1963年
紙芝居『やまのこぐちゃん』童心社　1964年
絵本『そらいろのたね』福音館書店　1964年
童話『かえるのエルタ』福音館書店　1964年
絵本『たからさがし』福音館書店　1964年
絵本『ぐりとぐらのおきゃくさま』福音館書店　1966年
絵本『うさぎのにんじん』世界出版社　1967年
絵本『いちくんにいくんさんちゃん』世界出版社　1968年
絵本『みかん』世界出版社　1969年
童話『らいおんみどりの日ようび』福音館書店　1969年
絵本『オレンジいろのもり』日本標準　1969年
童話『たんたのたんけん』学習研究社　1971年
童話『子ぎつねコンチとおかあさん』講談社　1971年
教科書『くじらぐも』光村図書出版（こくご1〈下〉ともだち）1971年
絵本『ちいさいみちこちゃん』福音館書店　1972年
童話『たんたのたんてい』学習研究社　1975年
絵本『ぐりとぐらのかいすいよく』福音館書店　1976年
童話『おひさまはらっぱ』福音館書店　1977年
教科書『ぐりとぐらのおきゃくさま』日本書籍（しょうがくこくご1〈下〉）1977年
絵本『こぶたほいくえん』福音館書店　1978年
童話『森おばけ』福音館書店　1978年
絵本『ぐりとぐらのえんそく』福音館書店　1979年
図書『たのしい劇集』童想舎　1980年
教科書『空いろのたね』光村図書出版（こくご2〈上〉たんぽぽ）1980年
絵本『ねことらくん』福音館書店　1981年
図書『本・子ども・絵本』大和書房　1982年
『ぐりとぐらかるた』福音館書店　1984年
童話『わんわん村のおはなし』福音館書店　1986年
絵本『おはよう』グランまま社　1986年

絵本『おやすみ』グランまま社　1986年
童話『三つ子のこぶた』のら書店　1986年
童話『けんた・うさぎ』のら書店　1986年
童話『こぎつねコンチ』のら書店　1987年
絵本『ぐりとぐらとくるりくら』福音館書店　1987年
絵本『なぞなぞえほん 1のまき』福音館書店　1988年
絵本『なぞなぞえほん 2のまき』福音館書店　1988年
絵本『なぞなぞえほん 3のまき』福音館書店　1988年
絵本『おひさまおねがいチチンプイ』福音館書店　1991年
絵本『ぐりとぐらのおきゃくさま』(英日版・CD付)ラボ教育センター 1992年
映像『そらいろのたね』スタジオジブリ　1992年
絵本『くまさん くまさん』福音館書店　1995年
絵本『はねはね はねちゃん』福音館書店　1995年
絵本『ぐりとぐらの1ねんかん』福音館書店　1997年
絵本『ぐりとぐらとすみれちゃん』福音館書店　2000年
映像『くじらとり』スタジオジブリ　2001年
絵本『ぐりとぐらのあいうえお』福音館書店　2002年
絵本『ぐりとぐらのおおそうじ』福音館書店　2002年
絵本『はねちゃんの ピクニック』福音館書店　2003年
絵本『ぐりとぐらのうたうた12つき』福音館書店　2003年
絵本『そらいろのたね』(英日版・CD付)ラボ教育センター　2004年
絵本『ぐりとぐらの1・2・3』福音館書店　2004年
『ぐりとぐら 絵はがきの本』福音館書店　2005年
絵本『こんにちは おてがみです』福音館書店　2006年
絵本『ねこのおんがえし』のら書店　2007年
絵本『いたずらぎつね』のら書店　2008年
絵本『ぐりとぐらのおまじない』福音館書店　2009年
絵本『ぐりとぐらのしりとりうた』福音館書店　2009年
絵本『おかし』福音館書店　2010年
絵本『ぐりとぐらといっしょにおでかけ絵本』福音館書店　2013年
絵本『てんじつき さわるえほん ぐりとぐら』福音館書店　2013年

中川李枝子全作品リスト

《中川李枝子　中川宗弥　共同作品》
絵本『ももいろのきりん』福音館書店　1965年
絵本『おてがみ』福音館書店　1969年
絵本『おばあさんぐまと』福音館書店　1970年
絵本『はじめてのゆき』福音館書店　1970年
童話『ガブリちゃん』福音館書店　1971年
絵本『こだぬき6ぴき』岩波書店　1972年
童話『子犬のロクがやってきた』岩波書店　1979年
童話『ぞうの学校』（大村清之助氏との共著）福音館書店　1980年
絵本『とらたとまるた』福音館書店　1980年
絵本『ぞうさん』（まど・みちお 詩）福音館書店　1981年
絵本『とらたとトラック』福音館書店　1981年
絵本『くろ雲たいじ』福音館書店　1983年
絵本『とらたとおおゆき』福音館書店　1983年
絵本『とらたとヨット』福音館書店　1995年
絵本『くまさん おでかけ』福音館書店　2007年

《中川李枝子　中川画太　共同作品》
童話『たかたか山のたかちゃん』のら書店　1992年

《中川李枝子　翻訳作品》
童話『アンネの童話』アンネ・フランク著　文藝春秋　1987年
絵本『グレイ・ラビットのおはなし』
　　アリソン・アトリー著、石井桃子氏との共訳　岩波書店　1995年
童話『グレイ・ラビットのおはなし』
　　アリソン・アトリー著、石井桃子氏との共訳　岩波書店　1995年
童話『西風のくれた鍵』
　　アリソン・アトリー著、石井桃子氏との共訳　岩波書店　1996年
童話『氷の花たば』アリソン・アトリー著、石井桃子氏との共訳 岩波書店 1996年
絵本『ぶんぶんむしとぞう』
　　マーガレット・ワイズ・ブラウン著　福音館書店　2009年

子どもはみんな問題児。

発　行　二〇一五年　三　月三〇日
二八刷　二〇二五年　五　月一〇日

著　者　中《なか》川《がわ》李《り》枝《え》子《こ》

装画・挿画　山《やま》脇《わき》百合《ゆり》子《こ》

装　幀　新潮社装幀室

発行者　佐藤隆信

発行所　株式会社新潮社

〒一六二―八七一一　東京都新宿区矢来町七一

電話　編集部　〇三―三二六六―五六一一

読者係　〇三―三二六六―五一一一

http://www.shinchosha.co.jp

印刷所　大日本印刷株式会社

製本所　加藤製本株式会社

乱丁・落丁本は、ご面倒ですが小社読者係宛お送り下さい。
送料小社負担にてお取替えいたします。

ISBN 978-4-10-339131-9 C0095

価格はカバーに表示してあります。